AF870713

AUSGEWÄHLTE DOKTORDISSERTATIONEN
DER
LEIPZIGER JURISTENFAKULTÄT.

DIE USANCE

UND

TREU UND GLAUBEN IM VERKEHRE.

Von

Dr. jur. KONRAD HAGEN.

LEIPZIG,
VERLAG VON VEIT & COMP.
1894.

Nach der für die Leipziger Juristenfakultät bestehenden Promotionsordnung ist die Drucklegung der Dissertation keine Vorbedingung der Promotion, und die Fakultät hat die Überzeugung, daß eine Prüfungsarbeit gut und ein vollgültiges Zeugnis der wissenschaftlichen Bildung ihres Verfassers sein kann, ohne daß ihr der allgemeine Wert zukommt, welcher ihre Veröffentlichung wünschenswert macht.

Doch hat die Fakultät es stets als einen Übelstand empfunden, daß eine nicht unbedeutende Zahl von ihr approbierter Dissertationen, welche die Wissenschaft fördern, theils gar nicht zum Druck gelangen, theils ohne Bezeichnung ihrer Eigenschaft als Doktorschrift veröffentlicht worden sind. Daher ist die Einrichtung getroffen worden, daß derartige Dissertationen unter den Auspizien der Fakultät veröffentlicht werden können. Die Thätigkeit der Fakultät wird sich dabei auf die Feststellung der Druckwürdigkeit beschränken; sie übernimmt keine Verantwortung für den Inhalt im Einzelnen.

Die Arbeiten erscheinen in selbständigen Heften und sind einzeln verkäuflich.

Leipzig, im Juli 1893.

Die juristische Fakultät:
Dr. J. E. Kuntze,
d. z. Dekan.

AUSGEWÄHLTE DOKTORDISSERTATIONEN
DER
LEIPZIGER JURISTENFAKULTÄT.

DIE USANCE

UND

TREU UND GLAUBEN IM VERKEHRE.

VON

DR. JUR. KONRAD HAGEN.

LEIPZIG,
VERLAG VON VEIT & COMP.
1894.

Druck von Metzger & Wittig in Leipzig.

SEINEM LIEBEN VATER

GEWIDMET

VOM VERFASSER.

Inhalt.

Litteratur.

Anschütz und Völderndorff, Kommentar zum Allgemeinen Deutschen Handelsgesetzbuch, 1867—73.

Auerbach, Das neue Handelsgesetz, 1. Abtlg., 1863.

Endemann, Das Deutsche Handelsrecht, 1. Aufl. 1865, 2. Aufl. 1868, 3. Aufl. 1876.

Endemann, Handbuch des Handelsrechts, herausgegeben von 1. Band, 1881.

Entscheidungen des Bundes- und des Reichsoberhandelsgerichts, Bd. I—XXV.

Entscheidungen des Reichsgerichts in Civilsachen, Band I—XXXI.

Gerber, Bemerkungen zum ersten Artikel des DHGBs., Dekanatsprogramm, Leipzig 1871.

Goldschmidt, Handbuch des Handelsrechts, 1. Aufl., 1 Band 1. Abt. 1864, 2. Abt. 1868, 2. Aufl. 1 Band 1875.

v. Hahn, Kommentar zum Allgemeinen Deutschen Handelsgesetzbuche, 1. Aufl. 1862—67, 2. Aufl. 1871, 3. Aufl. 1877, 4. Aufl. 1. Lfg. 1894.

Kohler. Treue und Glauben im Verkehr. Ein Beitrag zur Lehre vom strafrechtlichen Betruge. Leipzig 1893.

v. Kräwel, Das Allgemeine Deutsche Handelsgesetzbuch 1862.

Laband, Die Handelsusancen. (Goldschmidts Zeitschrift, 1872, Band XVII, S. 466 fg.)

Puchelt, Kommentar zum Allgemeinen Deutschen Handelsgesetzbuch, 4. Aufl., 1.—10. Lieferung, 1892—93.

Schürmann, Die Usancen des Deutschen Buchhandels und der ihm verwandten Geschäftszweige, Leipzig 1867.

Siegel, Der Handschlag und Eid nebst den verwandten Sicherheiten für ein Versprechen im deutschen Rechtsleben. Wien 1894 (Sitzungsberichte der kaiserl. Akad. der Wissenschaften in Wien, Band CXXX.)

Thöl, Das Handelsrecht, 4. Aufl., 1862, 5. Aufl. 1875.

Zeitschrift für das gesamte Handelsrecht, herausgegeben von L. Goldschmidt u. s. w., Band I—XXXXI (im Text als „Zeitschrift“ citiert).

I. Bedeutung der Usance.

Es steht für Wissenschaft und Rechtsprechung fest, daß die Handelsgebräuche, von denen Art. 279 redet, zur Feststellung des Parteiwillens dienen.

Allerdings über die Art dieser Feststellung herrscht nicht immer die nötige Klarheit. Als herrschend kann wohl die Ansicht bezeichnet werden, daß die Feststellung im Wege der Auslegung erfolgt, daß die Handelsgebräuche des Art. 279 als Interpretationsmittel zu denken sind.[1] Die Meinung ist dabei, daß der „wahre Wille", welchen die Parteien innerlich gehabt, dessen Inhalt sie „stillschweigend vereinbart" haben, durch den Handelsgebrauch klar gemacht werde, so daß in diesem Sinne der Handelsbrauch als „Teil der lex contractus" anzusehen sei.[2]

Gegenüber dieser Ansicht hat Goldschmidt bereits hervorgehoben, daß die Usance (der Handelsgebrauch des Art. 279) nicht blos als Auslegungsmittel für den gewollten Inhalt des Vertrages, sondern auch als Ergänzungsmittel in Frage kommt. Aber auch er führt die „ergänzende" Funktion des Handelsgebrauchs auf eine stillschweigende Willenserklärung zurück, so daß seine Meinung lediglich die ist: der Handelsgebrauch diene teils zur Auslegung

[1] Vergl. Thöl, Das Handelsrecht, 4. Aufl. 1862, S. 391, 5. Aufl. 2. Bd., S. 198; v. Kräwel, Das Allgemeine Deutsche Handelsgesetzbuch 1862, S. 343; Auerbach, Das neue Handelsgesetz, I. Abtlg. 1863, XXV, S. 263; v. Hahn, Kommentar 1866, 2. Bd., 1. Abtlg., S. 62; Goldschmidt, Handbuch des Handelsrechts, 1. Aufl. 1864, 1. Bd., 1. Abtlg., S. 235, 2. Aufl. 1875, 1. Bd., 1. Abtlg., S. 333; Endemann, Handelsrecht, 1. Aufl. 1865, S. 435, 2. Aufl. 1868, S. 448 f., 3. Aufl. 1876, S. 418 f. Laband, Die Handelsusancen, (Zeitschr. f. Handelsrecht, Bd. XVII, 1872, S. 466 f.), Puchelt, Kommentar, 4. Aufl., 1893, S. 750.

[2] so Laband auf S. 474 der in Anm. 1 genannten Abhandlung, vergl. auch ebenda S. 479 („pars contractus") S. 480 („daß das Stillschweigen den Sinn einer darauf bezüglichen Willenserklärung habe") S. 482 („sie — die Usancen — gelten als ein selbstverständlicher Teil des Vertrags") S. 485 („integrierender Bestandteil der Vertragsfestsetzungen").

des ausdrücklich erklärten, teils zur Auslegung nur stillschweigend erklärten Willens. Sofern der Handelsgebrauch zur Auslegung eines stillschweigend erklärten Willens dient, wird er von Goldschmidt als Ergänzungsmittel bezeichnet.

Die Meinung ist also allgemein, und zwar auch bei Goldschmidt, daß der Handelsgebrauch des Art. 279 [den wir im Folgenden schlechtweg als „Usance" bezeichnen werden] lediglich „Auslegungsmittel" sei, daß er also nur dazu dient, den konkreten Parteiwillen klarzustellen.

Gerade von diesem Gesichtspunkt aus hat Laband in seinem vortrefflichen Aufsatz (Zeitschrift Bd. XVII, S. 466 f.) den Gegensatz von Usance [Art. 279] und von Handelsgewohnheit [Art. 1] klargestellt: Die Usance ist bloßes Auslegungsmittel für den Inhalt der „individuellen Willensentschließung im einzelnen, konkreten Falle", (S. 510), während die Handelsgewohnheit im Sinne des Art. 1 Erkenntnismittel für einen Rechtssatz d. h. für den Inhalt des Gemeinwillens ist.

Es ist zweifellos, daß die Usance in zahlreichen Fällen bloßes Auslegungsmittel ist; es ist aber ebenso zweifellos, daß für andere, gleichfalls zahlreiche Fälle die Auffassung der Usance als Auslegungsmittel nicht ausreicht. Goldschmidt hat diese Schwierigkeit bereits empfunden, indem er neben der Auslegung auch von Ergänzung spricht. Aber er hat die Schwierigkeit nicht gelöst: auch die Ergänzung erfolgt bei ihm, wie bereits bemerkt ist, durch das Mittel der Auslegung. Im Folgenden soll es unternommen werden, das Wesen der Fälle klarzustellen, in denen die Auffassung der Usance als Auslegungsmittel für den konkreten Parteiwillen nicht ausreicht.

Es sind die Fälle der sogenannten „stillschweigenden Vereinbarung", um die es sich handelt.

Laband betont mit vollem Rechte, daß der mittels der Usance festgestellte Wille stets ein individueller sei und sein müsse. Denn darin besteht gerade der Unterschied zwischen der Handelsgewohnheit [des Art. 1] und der Usance [des Art. 279], daß aus der Gewohnheit ein Mehrheitswille, ein Gemeinwille, welcher als Rechtssatz den fehlenden Parteiwillen ersetzt, aus der Usance dagegen der Parteiwille selbst erkannt werden soll.

Dagegen nimmt Laband mit Unrecht an, daß der mittels der Usance festgestellte Wille stets nicht bloß ein individueller, sondern auch ein konkreter, d. h. im Momente des einzelnen Vertragsabschlusses bewußt vorhandener Parteiwille, eine „Willensentschließung im einzelnen konkreten Falle", eine „stillschweigende Vereinbarung sei.

Diese Annahme wiederspricht der Wirklichkeit.

Man nehme beispielsweise den Hauptfall an, in welchem Usancen zur Ergänzung des ausdrücklich erklärten Vertragswillens dienen, den Fall der Ergänzung der Börsengeschäfte durch die Börsenusancen. Man sehe sich die Art und Weise an, wie Börsengeschätte geschlossen werden und man frage sich und regelmäßige Börsenbesucher, ob wirklich bei jedem einzelnen mit wenigen Stichworten abgeschlossenen Geschäfte jeder der Kontrahenten, wenn auch nur einen Moment einen dem fraglichen Börsengebrauch gleichlautenden Willen oder wenigstens den summarischen Willen, gemäß den Börsengebräuchen überhaupt abzuschließen, gehabt und diesen Willen lediglich seiner Selbstverständlichkeit halber nicht erklärt habe. Die Annahme, daß die Parteien im Momente des Vertragsabschlusses mehr gewollt als sie mit den üblichen prägnanten Ausdrücken als gewollt erklärt haben, widerspricht in den meisten Fällen den thatsächlichen Verhältnissen. Nicht einmal eine ganz allgemeine Bezugnahme auf die Börsenusancen überhaupt für jeden einzelnen Geschäftsbeschluß anzunehmen, erlaubt die Wirklichkeit.[1] Selbst aus der Existenz derjenigen Usance, welche die ursprüngliche und einfachste Form der Usancen darstellt, aus der Existenz einer Geschäftsusance zweier Kaufleute untereinander, kann nur in den seltensten Fällen darauf geschlossen werden, daß die beiden Kaufleute beim Abschlusse jedes Geschäfts der fraglichen Art sich dieser Usance bewußt gewesen sind und einen entsprechenden konkreten Willen gehabt haben. Aus der Existenz einer Usance auf die Existenz eines entsprechenden, nicht bloß individuellen, sondern konkreten Parteiwillens, einer „stillschweigenden Vereinbarung" zu schließen, ist somit in der überwiegenden Mehrzahl der Fälle falsch.

Zur weiteren Illustration dieser Behauptung möge ein Fall Erwähnung finden, den ich selbst erlebt und an dem ich zum ersten Male den Widerspruch der herrschenden Lehre mit der Wirklichkeit kennen gelernt habe.

---

[1] Die Thatsache, daß über Börsengeschäfte, wenigstens soweit sie durch vereidete Makler abgeschlossen worden sind, Schlußscheine ausgestellt werden, in welchen auf die Börsenusancen entweder im allgemeinen Bezug genommen ist, oder diese Usancen sogar, soweit sie das fragliche Geschäft betreffen, sämtlich oder im Auszuge verzeichnet sind, kommt hier nicht in Betracht. Der Schlußschein ist in der Regel bloßes Beweismittel. Wäre nur der konkrete, im Momente des Geschäftsabschlusses bewußt vorhandene Parteiwille von rechtlicher Bedeutung, so würde die in den Schlußscheinen enthaltene Bezugnahme auf die Usancen in den meisten Fällen eine falsche Beurkundung des Vertrages bezw. den Abschluß eines neuen Vertrages bedeuten.

Die Mehrzahl der Angehörigen der Stickereiindustrie des sächsischen Vogtlandes, Fabrikanten sowohl wie Arbeiter, hatten einen Verband gegründet, dessen Zweck war, die Absatzbedingungen der Stickereiprodukte gemeinsam zu regeln, vor allem aber auch über das Verhältnis der Arbeitgeber und Arbeiter gemeinsame Bestimmungen zu treffen. Diese Bestimmungen bildeten einen der wesentlichsten Teile der Statuten. Ein Arbeiter verklagte nun seinen Arbeitgeber auf Lohnzahlung. Letzterer wollte gegen die an sich anerkannte Lohnforderung mit einer Schädenforderung aufrechnen, deshalb, weil ihm der Arbeiter eine derartig schlechte Stickerei geliefert habe, daß durch dieselbe sogar der dazu verwendete Tüllstoff unbrauchbar geworden sei. Der Arbeiter bestritt dies und berief sich außerdem auf einen Paragraph der Statuten des genannten Verbandes, nach dem die Bemängelung gelieferter Stickereien seitens des Arbeitgebers nur innerhalb 14 Tage nach Ablieferung zulässig sei und die Nichtbemängelung innerhalb dieser Zeit unbedingt als Genehmigung gelte. Unstreitig war, daß innerhalb 14 Tage nach Ablieferung der Stickerei keine Bemängelung erfolgt war und daß beide Parteien dem betreffenden Verbande angehörten. Der Arbeiter hatte augenscheinlich das Verbandsstatut genau studiert, der Arbeitgeber gab zu, ein solches Statut erhalten, behauptete jedoch, den Paragraph bis dahin nicht gekannt zu haben. Ich wurde mit der Ausarbeitung des Urteiles beauftragt, das eine Verurteilung des Beklagten enthielt und auf die klägerische, aus dem fraglichen Paragraph der Verbandsstatuten hergeleitete Replik sich stützen sollte. Daß ein Beitritt zu einem solchen Verbande und die damit verbundene Unterwerfung unter die Statuten nicht als ein Vertrag aller Verbandsmitglieder untereinander, jedes einzelnen mit jedem einzelnen, aufzufassen sei, lag auf der Hand. Ich stützte mich demnach, die herrschende Ansicht über die Wirkung von Handelsgebräuchen, insbesondere Börsenusancen auf diesen Fall analog übertragend, darauf, daß der Beklagte, wenn ihm auch der fragliche Paragraph unbekannt gewesen sei, doch gewußt habe, daß Verbandsstatuten bestünden, in welchen über das Verhältnis zwischen Arbeitgebern und Arbeitern Bestimmungen getroffen seien, und daß anzunehmen sei, er sei sich dieser Thatsache, ebenso wie der Kläger, auch im Momente des Vertragsabschlusses bewußt gewesen, beide Parteien hätten unter stillschweigender Bezugnahme auf die Verbandsstatuten den Arbeitsvertrag abgeschlossen und der Inhalt dieser Statuten sei stillschweigender Bestandteil der Vertragsvereinbarung geworden. Mein Amtsrichter machte mich jedoch mit Recht darauf aufmerksam, daß eine solche Annahme der Wirklichkeit sicherlich nicht entspräche, daß nicht angenommen werden könne, die Parteien hätten beim Vertragsabschluß an die Verbandsstatuten gedacht und hätten deren Inhalt zum Bestandteil des Vertrages machen wollen. Die Thatsache, daß beide den Verbandsstatuten sich unterworfen hätten, genüge, um sie im einzelnen Falle, auch ohne bewußte und gewollte Bezugnahme auf die Statuten im Momente des Vertragsabschlusses, zu statutengemäßem Handeln nicht blos dem Verbande, sondern auch jedem einzelnen Verbandsmitgliede zu verpflichten. — Die rechtliche Begründung dieser Verpflichtung soll erst unten festgestellt werden.

Aus alledem erhellt wohl zur Genüge, daß aus der Existenz von Usancen und statutarischen Bestimmungen zwischen den Parteien selbst oder innerhalb des Geschäftskreises oder Verbandes, dem beide Parteien angehören, in den wenigsten Fällen auf die Existenz eines gleichlautenden oder wenigstens summarisch auf die Usancen und Bestimmungen bezugnehmenden konkreten Vertragswillens geschlossen werden kann, der seiner Selbstverständlichkeit halber lediglich nicht zum Ausdrucke gekommen sei. Aus der Existenz einer Usance kann in der Regel nur auf die Existenz desjenigen Willens geschlossen werden, dessen unmittelbare Bethätigung die Usance ist, und dieser Wille ist kein konkreter, sondern ein genereller Wille, ein Geschäftsprinzip, ein geschäftlicher Grundsatz.

Der Handelsverkehr bietet eine derartige Fülle einzelner Rechtsgeschäfte und insbesondere eine derartig häufige Wiederholung derselben Rechtsgeschäfte dar, wie sonst kein anderer Verkehrszweig. Diese Thatsache hat zwei einander ergänzende Folgen: ein Bedürfnis und gleichzeitig das Mittel zu dessen Befriedigung.

Die Vielgeschäftigkeit des Handelsverkehrs erzeugt zunächst das Bedürfnis, bei Abschluß des einzelnen Rechtsgeschäftes möglichste Kürze walten zu lassen. Denn die immerwährende Wiederholung derselben ausführlichen Vertragsnormen würde unerträglich eintönig sein und außerdem viele Zeit rauben, welche für neue Geschäfte besser verwendbar ist.

Andererseits ermöglicht die schnelle und häufige Wiederholung desselben Rechtsgeschäftes im Handelsverkehre schneller als sonst die Bildung einer verhältnismäßig vollständigen und guten Erfahrung über die Natur des Rechtsgeschäftes und die beste Art seiner Regelung unter den verschiedenen möglichen Gestaltungen. Aus der Menge der Erfahrungsthatsachen ist dann der abstrahierende Verstand um so eher geneigt, sich bestimmt formulierte prinzipielle Geschäftsnormen herauszubilden, wenn, wie im Handelsverkehr regelmäßig der Fall, auch für die Zukunft eine häufige Wiederholung des prinzipiell zu regelnden Rechtsgeschäftes oder einzelnen rechtsgeschäftlichen Thatbestandes zu erwarten ist. Diese aus der Vielgeschäftigkeit des Handelsverkehrs erwachsenen Geschäftsprinzipien befriedigen in hohem Grade das durch eben diese Vielgeschäftigkeit hervorgerufene Bedürfnis nach möglichster Kürze und Entfernung alles Überflüssigen beim konkreten Vertragsabschlusse.

Denn selbst wenn diese Geschäftsprinzipien sich für den konkreten Fall in konkreten Vertragswillen verwandeln, so wird doch jedenfalls die Überlegung, wie dieser Wille sich zu gestalten habe, und der dadurch bedingte Müh- und Zeitverlust gespart. In sehr vielen Fällen spart aber die Existenz eines Geschäftsprinzipes — welches wir als einen generellen Willen der Partei bezeichnen können — überhaupt die Bildung eines entsprechenden konkreten Vertragswillens. Denn aus dem Begriffe des prinzipiellen, generellen Willens folgt mit logischer Notwendigkeit, daß derselbe bei jedem künftigen konkreten Eintreten des durch ihn geregelten Thatbestandes zur Ausführung gelangen soll, auch wenn er sich nicht vorher in konkreten Vertragswillen umgesetzt hat. Wenn also zwei Kaufleute von einander wissen, daß ihre beiderseitigen Geschäftsprinzipien übereinstimmen, so können sie sich eine entsprechende konkrete Vereinbarung sparen, da ein entsprechendes künftiges Handeln auch ohne solche Vereinbarung dem Begriffe der beiderseitigen übereinstimmenden Geschäftsprinzipien gemäß selbstverständlich ist.[1]

Die gewisse oder vermutliche Übereinstimmung der Geschäftsprinzipien und die Selbstverständlichkeit der Bethätigung dieser Geschäftsprinzipien in jedem künftigen konkreten Falle läßt also einen konkreten Vertragswillen sich nur insoweit bilden, als die Bestimmtheit des Vertrages dies unbedingt verlangt, während, soweit dies nicht der Fall ist, die Geschäftsprinzipien beim konkreten Vertragsabschlusse nicht etwa blos nicht zur Erklärung, sondern gar nicht zum Bewußtsein kommen, gar nicht konkreter Vertragswille werden.[2]

---

[1] Daß die beiderseitigen Geschäftsprinzipien übereinstimmen, weiß jeder Kontrahent dann, wenn gerade zwischen ihm und seinem Mitkontrahenten eine entsprechende Geschäftsusance bereits vorliegt. Außerdem läßt sich eine solche Übereinstimmung, wenn auch nicht mit Bestimmtheit, so doch mit Wahrscheinlichkeit dann annehmen, wenn eine mit den eigenen Geschäftsprinzipien übereinstimmende Mehrheitsusance innerhalb des Geschäftskreises besteht, dem beide Parteien angehören. Denn die Wahrscheinlichkeit spricht dafür, daß auch der andere Kontrahent zu der Mehrheit gehöre, deren übereinstimmende Geschäftsusancen in ihrer begrifflichen Zusammenfassung die Mehrheitsusance bilden.

[2] Deshalb wird, vor allem an der Börse, bei Abschluß eines Kaufvertrages meist nur die Quantität der Kaufware und die Höhe des Kaufpreises bestimmt, während die Lösung all der verwickelten Fragen über Lieferbarkeit, Lieferzeit, Lieferungsort, Rücktritt vom Vertrage u. s. w. der prinzipiellen Regelung durch die Usancen überlassen bleibt.

In dieser Weise treffen die beiden Erzeugnisse der Vielgeschäftigkeit des Handelsverkehrs zusammen: das Bedürfnis nach möglichster Kürze wird durch das Geschäftsprinzip befriedigt.

Wenn somit in der Wirklichkeit nur in den seltensten Fällen die übereinstimmenden Geschäftsprinzipien der Parteien sich beim konkreten Vertragsabschlusse in konkreten — erklärten oder stillschweigenden — Vertragswillen verwandeln, so ist auch aus der Bethätigung des Geschäftsprinzipes, aus der Usance, in den meisten Fällen nur der Schluß auf die Existenz des bethätigten Geschäftsprinzipes, in den wenigsten Fällen aber der weitere Schluß auf die Existenz eines entsprechenden konkreten Vertragswillens erlaubt.

Die Annahme Labands, daß aus einer Usance auf eine „stillschweigende Vertragsvereinbarung" geschlossen werden könne, ist somit für die Mehrzahl der Fälle unrichtig. Der mittels der Usance als Ergänzung des erklärten Vertragswillens festzustellende Wille ist zwar stets ein individueller, aber meist kein konkreter Vertrags-, vielmehr ein genereller Wille der Parteien.

Gestattet nun aber auch das Recht die Ergänzung des erklärten konkreten Vertragswillens nicht bloß durch stillschweigenden konkreten Vertragswillen, sondern auch durch den generellen Willen der Parteien?

Wollte man diese Frage verneinen, so könnte die Usance als Mittel zur Ergänzung des erklärten Vertragswillens nur ganz selten dienen, und sie wäre damit für das Recht der wichtigsten Aufgabe beraubt, die ihr das Verkehrsleben gestellt hat. Denn, wie schon mehrfach erwähnt, stehen die Fälle, in welchen die Usance zur Auslegung des erklärten und Feststellung eines den erklärten ergänzenden konkreten Vertragswillens dient, an Zahl und Wichtigkeit weit hinter den Fällen zurück, in welchen aus der Usance lediglich auf einen generellen Willen, ein Geschäftsprinzip der Parteien geschlossen werden kann.

Es kann deshalb auch keinem Zweifel unterliegen, daß die durch Art. 279 gebotene Berücksichtigung der Usance behufs Feststellung des Parteiwillens auch dann erfolgen soll, wenn der mittels der Usance festzustellende Wille keine „stillschweigende Vertragsvereinbarung", sondern bloß ein genereller Wille der Parteien ist.

Glaubte man aber auch, dem Gesetzgeber in Art. 279 nur die Absicht unterlegen zu dürfen, daß nur der aus der Usance erkennbare stillschweigende konkrete Vertragswille den erklärten Vertragswillen ergänzen solle, so müßte doch dem mittels der Usance festgestellten generellen Parteiwillen nach allgemeinen Grundsätzen des Handelsrechts dieselbe ergänzende Bedeutung zugeschrieben werden, nämlich kraft desjenigen Begriffes, dessen Macht und

Wichtigkeit als eine für den Handelsverkehr und das Handelsrecht besonders große stets anerkannt worden ist und den ich auch nach Anweisung meines Amtsrichters bei der Begründung des obenbezeichneten Urteiles zu verwenden hatte, des Begriffes von „Treu und Glauben".

II. Treu und Glauben im Verkehre.

Die Verwendung des Begriffes von Treu und Glauben ist, wie die in der Anlage beigefügte Zusammenstellung beweist, in Wissenschaft und Praxis eine außerordentlich mannigfaltige, und wenn sich auch mehrere Ansichten ähneln, so ist doch eine herrschende klare Ansicht über Inhalt und Bedeutung dieses Begriffes nicht festzustellen. In sehr vielen Fällen ist Treu und Glauben augenscheinlich das Wort gewesen, das zur rechten Zeit sich einstellt, da, wo Begriffe fehlten.

Die Frage, auf die es ankommt, ist, ob Treu und Glauben als objektive Macht den Parteiwillen beherrschen (nach Art einer absolutrechtlichen Norm) oder ob die Verpflichtung nach Treu und Glauben ihren Maßstab vielmehr im subjektiven Parteiwillen findet.

Thöl und Endemann[1] geben Treu und Glauben sowohl eine objektive, als eine subjektive Bedeutung.[2] Thöl identifiziert einerseits die objektive „Natur der Sache" mit „Treu und Glauben", andererseits läßt er nach Treu und Glauben neben dem erklärten „überhaupt den Willen der Kontrahenten" zur Geltung gelangen. Ähnlich versteht Endemann einerseits unter „Treu und Glauben" die objektive Norm des „aequum et bonum", während er andererseits die Bedeutung von Treu und Glauben in der Berücksichtigung der „wahren Willensabsicht" findet.

Goldschmidt scheint Treu und Glauben lediglich als eine objektive Norm aufzufassen. In der 1. Auflage seines Handbuches ist ihm Treu und Glauben „das sittliche und wirtschaftliche Grundprinzip der Natur der Sache", in der 2. Auflage wiederholt er dies, und eignet sich augenscheinlich auch die Ansicht des Reichsoberhandelsgerichts an, welches die Bedeutung von Treu und Glauben

[1] Vergl. zum folgenden den Anhang.

[2] Thöl nimmt außerdem eine dritte Bedeutung an: die Verpflichtung nach Tr. u. Gl. zu unerheblichen, nichtkrontraktlichen Mühewaltungen. Diese Bedeutung kann nur eine Unterart einer der beiden übrigen Bedeutungen sein, in welchen sich die möglichen prinzipiellen Gegensätze erschöpfen.

darin erblickt, daß die Zweifel bei Anwendung des Gesetzes und Feststellung des Parteiwillens durch die Auffassung und Sitte anständiger und redlicher Männer, insbesondere solider Kaufleute gelöst werden. Aus den Urteilen der Praxis läßt sich meist nicht ersehen, ob die Bezugnahme auf Treu und Glauben als Bezugnahme auf eine objektive Norm oder in Anknüpfung an den Parteiwillen erfolge. Die bei 6, 7, 12 (arg. e contrario) und 19 unter B des Anhanges angezogenen Entscheidungen geben der Pflicht nach Treu und Glauben den objektiven Inhalt, daß das Übliche, wenn es im konkreten Falle nicht gewollt sei, ausdrücklich ausgeschlossen werden müsse. Die unter 8 und 10 zitierten Entscheidungen verstehen dagegen unter der Pflicht nach Treu und Glauben die Pflicht einer Partei, generelle Ankündigungen, welche sie vor dem Vertragsschlusse hat ergehen lassen oder empfangen hat, kraft ihres subjektiven Willens zu beachten, auch wenn dieselben beim Vertragsabschlusse nicht nochmals speziell und ausdrücklich betont worden sind.

Welche Bedeutung von Treu und Glauben ist nun die richtige? Ist Treu und Glauben eine objektive Norm oder darf die Pflicht nach Treu und Glauben lediglich am subjektiven Parteiwillen gemessen werden oder ist beides möglich?

Die Bedeutung von Treu und Glauben ist im alten deutschen Rechte eine andere gewesen, als im heutigen Rechte. Das alte Recht kannte ein Gelöbnis bei Treu und Glauben,[1] heutzutage spricht man von einer Verpflichtung nach Treu und Glauben.

---

[1] Vergl. hierfür: Siegel, „Der Handschlag und Eid nebst den verwandten Sicherheiten für ein Versprechen im deutschen Rechtsleben" (Sitzungsberichte der Kais. Akad. d. Wissensch. in Wien Bd. CXXX, Wien 1894). Häufig wurde nur „in, mit, bei, unter Treuen, in guten Treuen" gelobt und der Handschlag gegeben, welcher als Bethätigung des Treugelöbnisses dieses mit einschloß (Siegel, S. 13). Am feierlichsten und stärksten war das Gelöbnis „bei Glauben, Ehren und Treuen" (Siegel, S. 13, 104). Später hat man wahrscheinlich zu größerer Sicherheit deshalb regelmäßig nicht bloß „bei Treuen", sondern „bei Treu und Glauben" gelobt, weil es zwischen den Juristen streitig geworden war, ob die Verpfändung der fides theologica, d. h. des — christlichen — Glaubens nötig sei, oder ob auch die Verpfändung der fides politica, d. h. der Treue genüge (vergl. Siegel, S. 12, Anm. 2). — In Anschluß hieran ist hervorzuheben, daß fides zwar beides „Treue" und „Glauben" bedeuten kann, aber nicht „Treue im Glauben". Es ist daher nicht richtig, wenn Siegel S. 12 sagt: „Wer aber seine Treue für ein Versprechen einsetzte, verpfändete in aller Regel seine Verläßlichkeit und Gewissenhaftigkeit in der Erfüllung einer übernommenen Verbindlichkeit und nicht, was nur ausnahmsweise der Fall gewesen ist, seine Festigkeit im Glauben." Das Gelöbnis bloß „bei Treuen" bedeutete niemals eine Verpfändung der Festigkeit im Glauben, sondern lediglich der Zuverlässigkeit im Halten des Wortes, und im Gelöbnis „bei Treu und Glauben" wurde neben dieser Zuverlässigkeit nicht die Festigkeit im Glauben, sondern dieser selbst verpfändet.

Der Unterschied liegt darin, daß im alten Rechte Treu und Glauben als Pfandobjekte neben einem ausdrücklichen Vertragsversprechen standen als Sicherheit für Leistung des ausdrücklich Versprochenen,[1] während im heutigen Rechte Treu und Glauben nur soweit in Frage kommen, als dem Vertrage eine ausdrückliche unzweideutige Bestimmung fehlt.[2]

Im alten Rechte bestimmte also den Inhalt der Verpflichtung aus dem Treugelöbnisse nicht Treu und Glauben, sondern lediglich der Wortlaut des Gelöbnisses. Was Treu und Glauben bedeutete, kam lediglich dann in Betracht, wenn das Gelöbnis nicht gehalten wurde: den Wortbrüchigen trafen auf Antrag seines Mitkontrahenten die Strafen des Treubruches (und etwa der Ketzerei). Dagegen wird im heutigen Rechte der Inhalt der Verpflichtung nach Treu und Glauben durch den Begriff von Treu und Glauben selbst bebestimmt.[3] Wenn es daher auch als sicher angenommen werden kann, daß die Wortverbindung „Treu und Glauben" aus dem alten Gelöbnisse bei Treu und Glauben herstammt, so kann doch andererseits von der mittelalterlichen Bedeutung des Treugelöbnisses auf die heutige Bedeutung von Treu und Glauben nicht geschlossen werden.

Zunächst ist wohl zweifellos, daß „Glauben" im heutigen „Treu und Glauben" etwas anderes bedeuten muß, als im Gelöbnis bei Treu und Glauben. Der christliche Glaube konnte zwar nach mittelalterlicher Anschauung Pfandobjekt zur Sicherung einer rechtlichen Verpflichtung, kann aber niemals Maßstab einer solchen sein. Letzteres würde eine Vermengung von Moral und Sittlichkeit mit dem Rechte bedeuten. Die Vieldeutigkeit des Wortes „Glauben" hat es ermöglicht, daß die Wortverbindung „Treu und Glauben" beibehalten worden ist, obwohl die Person, welche glaubt, und das Objekt, an welches sie glaubt, ganz andere geworden sind. Der „Glauben" bedeutet heutzutage nicht mehr den Glauben an die Lehren der christlichen Religion des durch das Gelöbnis bei Treu und Glauben

---

[1] Streitig ist, ob im alten deutschen Rechte das bloße Vertragsversprechen rechtlich wirksam war, oder ob die Verpfändung der Treue verbunden mit Handschlag oder dieser allein oder die eidliche Bestärkung des Versprechens und ähnliches für die rechtliche Giltigkeit des letzteren notwendige Bekräftigungsmittel waren. Siegel nimmt S. 66 ff. das erstere an, das letztere dagegen z. B. Heusler, Institutionen des deutsch. Privatr. II, S. 228.

[2] Denn so mannigfach auch die Ansichten über den Begriff von Treu und Glauben sind, so kann doch wenigstens eine allgemeine Übereinstimmung darüber angenommen werden, daß die Verpflichtung nach Treu und Glauben etwas anderes bedeutet, als das Halten des ausdrücklichen Versprechens.

[3] Dies liegt schon in dem Ausdrucke „nach Treu und Glauben" im Gegensatze zu dem Gelöbnisse „bei Treu und Glauben".

Verpflichteten, sondern den Glauben, das Vertrauen des nach Treu und Glauben Berechtigten an die Treue des nach Treu und Glauben Verpflichteten. Treu und Glauben sind heutzutage nicht mehr Eigenschaften des einen, sondern verteilen sich auf beide Kontrahenten.

Die Hauptfrage ist aber, was die „Treue“ in Treu und Glauben bedeutet, denn sie bestimmt den Inhalt der Verpflichtung nach Treu und Glauben, während der Glaube, analog der Annahme beim Vertrage, nur die allerdings notwendige Ergänzung derselben ist.

Die ursprüngliche allgemeine Bedeutung der Treue ist die Stetigkeit des Charakters.[1] Für das Recht, das es gerade mit dem Charakter, dem Willen, zu thun hat, kann somit die Bedeutung der Treue nur sein: die Stetigkeit im Wollen, das Verharren bei dem einmal gefaßten Willen. Frägt man, ob eine Person thatsächlich treu oder untreu handle, so muß demnach der Maßstab der Entscheidung der eigne bisherige Wille eben dieser Person sein. Dementsprechend kann auch der Maßstab einer Rechtspflicht zur Treue nur der subjektive Wille der zur Treue verpflichteten Person, nicht aber irgend welche außerhalb dieser Person liegende objektive Thatsache sein.[2] Treu sein müssen bedeutet, so handeln müssen, wie man handeln gewollt hat.

Nach dieser Bedeutung der Treue ist somit auch die allgemeine Rechtspflicht, dem Vertragswillen gemäß zu handeln, eine Treupflicht und thatsächlich spricht man in diesem Sinne von Vertrags-

---

[1] Im Eingange des „Parcival“ von Wolfram von Eschenbach (übersetzt von Simrock, Stuttgart 1876) lautet V. 10—15:

Wer Untreu hegt im Herzensgrund,
Wird schwarzer Farbe ganz und gar
Und trägt sich nach der finstern Schaar,
Doch fest hält an der blanken
Der mit stetigen Gedanken.

Vergl. auch Siegel, S. 12.

[2] Der Ansicht Thöls und Endemanns, welche in Treu und Glauben auch eine objektive Norm, sowie Goldschmidts, welcher in Treu und Glauben nur eine objektive Norm sieht, kann somit nicht beigepflichtet werden. Natur der Sache und Billigkeit bilden nicht eine Seite von Treu und Glauben, beziehungsweise die Natur der Sache ist nicht mit Treu und Glauben identisch. Ebenso ist die objektive Pflicht, das nicht gewollte Übliche beim Vertrage ausdrücklich auszuschließen (vergl. die Entscheidungen Nr. 6, 7, 12, 19 unter B des Anhanges) keine nach Treu und Glauben gebotene Pflicht, die Verletzung dieser Pflicht bedeutet vielmehr eine (absichtliche oder fahrlässige) Täuschung des guten Glaubens. Deshalb handelt auch die Kohlersche Schrift (vergl. Anhang am Schlusse) vielmehr vom guten Glauben und der Arglist als von Treu und Glauben.

treue.[1] Die Verpflichtung nach Treu und Glauben geht aber über diese Verpflichtung zur Vertragstreue hinaus. Sie besteht gerade in der Verpflichtung zu solchem Handeln, in Bezug auf welches kein konkreter Vertragswille vorliegt. So ist man ja auch wenigstens insoweit über den Begriff von Treu und Glauben einig (vergl. Anm. 2 S. 16), daß die Pflicht nach Treu und Glauben etwas anderes bedeute, als die Pflicht, den konkreten Vertragswillen zu halten, und daß demnach der Begriff „Treu und Glauben“ von dem Begriffe „Vertragstreue“ verschieden sei.

Kann nun also der ursprünglichen Bedeutung der Treue gemäß der Maßstab einer Treuverpflichtung nur ein Parteiwille sein und steht andrerseits fest, daß der Maßstab der Verpflichtung nach Treu und Glauben nicht der konkrete Vertragswille sei, so bleibt als möglicher Maßstab dieser Verpflichtung nur der generelle Parteiwille in dem oben festgestellten Sinne übrig.[2]

Die Verpflichtung nach Treu und Glauben verlangt also, — und zwar ist dies das Einzige, was sie verlangt —, daß neben dem durch die Vertragstreue geschützten konkreten Vertragswillen als Ergänzung desselben der generelle Parteiwille, die übereinstimmenden Geschäftsprinzipien der Parteien rechtlicher Maßstab sowohl der Parteihandlungen als des Richterspruches seien.

Dieser nach Treu und Glauben geschützte generelle Parteiwille kann entweder aus seiner Bethätigung, der Usance, erkennbar[3] oder aber ausdrücklich — mittels Prospekten, Cirkularen etc. — erklärt sein. Soweit der generelle Wille mittels einer Usance festgestellt ist, schützt ihn — wie am Schlusse von Teil I bereits ausgeführt ist — der Rechtssatz des Art. 279 und es ist somit klar, daß der Grundgedanke dieses Rechtssatzes — soweit es sich um die ergänzende Usance handelt — die Verpflichtung der Parteien nach Treu und Glauben ist. Es versteht sich aber von selbst, daß nach

[1] Der Maßstab der Pflicht, Vertragstreue zu halten, ist der konkrete Vertragswille, mag er ausdrücklich oder durch Handlungen erklärt oder zwar beiden Parteien erkennbar und bewußt, aber unerklärt sein.

[2] Der gleiche Gedanke hat jedenfalls auch Thöl und Endemann vorgeschwebt, wenn ersterer neben dem erklärten überhaupt den Willen der Parteien und letzterer die „wahre Willensabsicht der Parteien“ nach Treu und Glauben zur Geltung gelangen lassen will. Die hier vertretene Ansicht deckt sich im wesentlichen auch mit der in den Entscheidungen unter 8 und 9 des Anhanges vertretenen.

[3] Die Usance ist im Zweifel keine Erklärung des generellen Willens. Denn eine Bethätigung ist im Zweifel keine Erklärung, weil ihr der Erklärungswille fehlt, sondern nur ein Mittel zur Erkenntnis des bethätigten Willens. Die Wirkung der Erklärung und der Bethätigung als Erkenntnismittel ist dieselbe, aber der Entstehungsgrund ist verschieden.

allgemeinen Grundsätzen des Handelsrechts die Verpflichtung nach Treu und Glauben eine gemeingültige, für jeden Vertrag maßgebende ist, und deshalb einerseits auch ohne den Art. 279 die ergänzende Usance ihre dort geregelte Wirkung haben würde und andererseits die Verpflichtung nach Treu und Glauben über den Art. 279 hinausreicht, d. h. nicht bloß zu gunsten des durch die Usance festgestellten, sondern auch zu gunsten eines jeden, auch des anderweit erklärten generellen Parteiwillens wirkt.[1]

III. Ist die Kenntnis der Usance für die Anwendbarkeit einer Usance zu fordern?

Das R.O.H.G.[2] hat mehrfach die Anwendbarkeit einer Usance nach Art. 279 deshalb schlechtweg verneint, weil die Partei, welche sich auf die Usance berief, nicht die Kenntnis der Usance seitens der anderen, durch die Usance angeblich verpflichteten Person behauptet hatte. Ebenso verlangen Endemann[3] und Laband[4] prinzipiell die Behauptung dieser Kenntnis, geben jedoch die ausnahmsweise Unschädlichkeit der Nichtkenntnis und deshalb auch der Nichtbehauptung der Kenntnis zu. Goldschmidt[5] verneint die Möglichkeit einer grundsätzlichen Bestimmung in dieser Frage. Die oben aufgestellte Frage kann somit jedenfalls nicht als klar entschieden gelten.

Zunächst ist soviel sicher, daß diese Frage gleichmäßig zu entscheiden ist, mag die Usance als Auslegungsmittel oder als Ergänzungsmittel in Betracht kommen.

Ferner ist ohne weiteres klar, daß diese Frage nur aufgeworfen werden kann, soweit es sich um Feststellung des Parteiwillens auf Grund einer Mehrheitsusance handelt. Denn aus einer Geschäftsusance, welche gerade von den streitenden Parteien in ihrem gegen-

[1] Die Erklärung des generellen Willens kann eine spezialisierte sein, wie bei der Versendung von Cirkularen und Prospekten. — Sie kann aber auch ganz summarisch auf anderweitig vorhandenen Statuten oder Usancen Bezug nehmen, wie z. B. beim Eintritt in einen Verein oder bei der üblichen unterschriftlichen Versicherung der Börsenbesucher, die Börsenusancen halten zu wollen (vergl. Art. 19 der Sitzungen der Produktenbörse zu Frankfurt a. M., Zeitschr. Bd. VII, S. 136).

[2] Bd. XVI, S. 213 ff.; Bd. XII, S. 286.

[3] Handbuch, 1881, 1. Bd., S. 47.

[4] Zeitschrift für Handelsrecht Bd. XVII, S. 497.

[5] Handbuch, 2. Aufl. 1875, S. 336, Anm. 30a.

seitigen Geschäftsverkehre geübt worden ist, kann natürlich ohne weiteres auf den entsprechenden — konkreten oder generellen — Willen dieser Parteien geschlossen werden.

Bezüglich der Mehrheitsusancen ist zu unterscheiden zwischen denjenigen, welche innerhalb eines Geschäftskreises gelten, dem beide Parteien angehören, und denjenigen, welche innerhalb eines Geschäftskreises gelten, dem nur eine Partei angehört.[1] Für beide Arten ist zwar bezüglich der Frage, ob die Behauptung der Kenntnis nötig sei, das Resultat dasselbe, jedoch für jede der beiden Arten aus einem anderen Grunde.

In den Fällen, wo die angezogene Mehrheitsusance innerhalb eines Geschäftskreises gilt, dem beide Parteien angehören, erscheint die Behauptung der Kenntnis der Usance deshalb nicht als nötig, weil sie überflüssig ist. Dies gilt also, wenn z. B. auf eine Ortsusance Bezug genommen ist, die am gemeinsamen Wohnorte der Parteien gilt, oder auf eine Branchenusance, die innerhalb der gemeinsamen Branche oder zwischen den Angehörigen der verschiedenen Branchen, den die Parteien angehören, gilt,[2] oder auf eine internationale Verkehrsusance,[3] wenn beide Parteien innerhalb des fraglichen internationalen Verkehrszweiges stehen. Eine Mehrheitsusance ist die begriffliche Zusammenfassung der übereinstimmenden Geschäftsusancen der Mehrheit der Geschäftsgenossen innerhalb eines bestimmten Geschäftskreises. Wenn also bewiesenermaßen eine Mehrheitsusance innerhalb eines Geschäftskreises besteht, so ist damit zugleich erwiesen, daß die Mehrzahl der Geschäftsgenossen dieses Geschäftskreises gleichlautende Geschäftsusancen bisher geübt haben, und wenn weiter feststeht, daß beide Parteien diesem Geschäftskreise angehören, so ist bis zum Beweise des Gegenteiles anzunehmen, daß sie zu jener Mehrheit gehören und deshalb auch ihrerseits bisher eine Geschäftsusance geübt haben, welche als Teil der Mehrheits-

---

[1] Mehrheitsusancen, welche innerhalb eines Geschäftskreises gelten, dem keine der Parteien angehört, können außer Frage bleiben. Sie können nur in Betracht kommen, wenn ausdrücklich im Vertrage auf sie Bezug genommen ist, da sonst jede Beziehung zwischen ihnen und den Parteien fehlt.

[2] Beispiele von Branchenusancen finden sich in den Zeitschr. Bd. III, S. 326 (rheinpreußische Tuchfabrikanten), Bd. XVIII, S. 240 (Usance zwischen Hopfenhändlern und Brauern), Bd. XXIII, S. 540 (Getreidehändler). Besonders zahlreich sind die Branchenusancen der Buchdrucker und Verleger (vergl. Schürmann, Die Usancen des deutschen Buchhandels, Leipzig 1867, Dr. Konrad Weidling, Das buchhändlerische Kommissionsgeschäft, besprochen in der Zeitschrift Bd. XXXIII, S. 491 ff.).

[3] Vergl. Urteil des Obertribunals zu Berlin v. 30. Januar 1868 (Zeitschr. Bd. XVII, S. 267: Engroßhandel zwischen England und Deutschland) und das Urteil des R.O.H.G. v. 17. Juni 1874 (Bd. XIV, S. 27: Verkehr mit England).

usance inhaltlich mit dieser übereinstimmt. Aus dieser vermutlichen Geschäftsusance der Parteien kann natürlich aus demselben Grunde ohne weiteres auf ein vermutliches Geschäftsprinzip der Parteien geschlossen werden, wie aus der bewiesenen Geschäftsusance der bestimmte Schluß auf ein entsprechendes Geschäftsprinzip erlaubt ist. Die Behauptung der Kenntnis der Gegenpartei von der angezogenen Mehrheitsusance ist also in diesen Fällen nicht nötig, da ohne weiteres eine faktische Vermutung für die Existenz eines entsprechenden Geschäftsprinzipes bei der Gegenpartei spricht.

Wie ist es aber, wenn die Gegenpartei diese faktische Vermutung widerlegt, indem sie nachweist, daß sie weder eine Geschäftsusance der fraglichen Art geübt, noch das fragliche Geschäftsprinzip sonst erkennbar gehabt, noch überhaupt die Mehrheitsusance gekannt habe?

Selbst dieser Beweis, insbesondere der Beweis der Nichtkenntnis vermag die Gegenpartei nicht von der Pflicht zu befreien, nach Treu und Glauben der fraglichen Mehrheitsusance gemäß zu handeln.

Denn es besteht, wie wohl behauptet werden kann, unter der Mehrzahl der Kaufleute aller zivilisierten Länder eine allgemeine Usance des Inhaltes, daß jeder Kaufmann die in seinem Geschäftskreise geltenden speziellen Mehrheitsusancen auch dann gegen sich gelten läßt, wenn er dieselben selbst noch nicht geübt oder sogar gar nicht gekannt hat. Des dieser allgemeinen Usance zu Grunde liegenden allgemeinen Geschäftsprinzipes sind im Zweifel auch die Parteien teilhaftig und deshalb nach Treu und Glauben selbst dann entsprechend der speziellen Mehrheitsusance berechtigt und verpflichtet zu erachten, wenn die verpflichtete Partei ihre Nichtkenntnis dieser letzteren Usance nachwiese. Nur dann, wenn die zu verpflichtende Partei, was jedoch kaum möglich ist, außerdem nachzuweisen vermöchte, daß das aus jener allgemeinen Usance für ihre Person zu vermutende allgemeine Geschäftsprinzip ihr gleichfalls thatsächlich fehle, würde ihre Haftung nach Treu und Glauben ausgeschlossen sein,[1] und es könnten lediglich die allgemeinen objektivrechtlichen Grundsätze über die Folgen eines Dissenses, bei welchem einer Partei die Üblichkeit zur Seite steht, noch in Frage kommen.

Unter allen Umständen braucht somit derjenige, welcher sich auf eine einzelne innerhalb des gemeinsamen Geschäftskreises bestehende Mehrheitsusance beruft, niemals die Kenntnis des Gegners

---

[1] Weil dann auf der Seite der nach Treue zu verpflichtenden Partei völlig das subjektive Moment des eigenen Willens fehlt, an welches allein eine Treupflicht sich anknüpfen läßt.

von dieser Usance zu behaupten und zu beweisen. Den Gegner vermag nicht einmal der Beweis seiner Nichtkenntnis von dieser einzelnen Usance zu befreien. In diesen Fällen ist also die Behauptung der Kenntnis unnötig, weil sie überflüssig ist.

Wenn es sich dagegen um eine Mehrheitsusance innerhalb eines Geschäftskreises handelt, dem nicht beide, sondern nur eine der Parteien angehört, so ist die Behauptung der Kenntnis deshalb nicht nötig, weil sie wirkungslos ist: also z. B. wenn eine in Hamburg lediglich für den internen Hamburger Verkehr bestehende Mehrheitsusance in Frage steht und die eine Partei ein Hamburger, die andere ein Berliner Kaufmann ist.[1]

Angenommen, der Hamburger Kaufmann hat sich, obwohl die Usance, wie gesagt, lediglich für den internen Hamburger Verkehr gilt, auf ihre Geltung auch für den fraglichen externen Vertrag deshalb verlassen, weil er weiß, daß der Berliner Kaufmann diese Usance kennt. In diesem Falle kann allein die bewiesene Kenntnis des Berliner Kaufmanns für diesen keinerlei Haftung gemäß der Usance erzeugen. Denn so sicher die innerhalb des eigenen Geschäftskreises geltenden Usancen sogar ungekannt als gewollt erscheinen müssen, so wenig kann aus der bloßen Kenntnis einer außerhalb des eigenen Geschäftskreises geltenden Usance ohne weiteres auf die Bildung eines entsprechenden generellen oder konkreten Willens geschlossen werden. Der bloßen Kenntnis von der Usance kann somit eine subjektiv begründete Verpflichtung des Berliner Kaufmannes, nach Vertragstreue oder nach Treu und Glauben der Usance gemäß zu handeln, nicht entnommen werden. Ebensowenig vermag aber diese Kenntnis allein einen objektiven Haftungsgrund wegen verschuldeten Dissenses abzugeben. Denn eine Pflicht des Berliner Kaufmannes, beim Vertragsabschlusse die Geltung der ihm bekannten Usance ausdrücklich auszuschließen, kann nicht vorliegen, da der Berliner Kaufmann allein aus seiner Kenntnis der Usance nicht zu schließen braucht, daß der Hamburger Kaufmann die Geltung dieser rein internen Usance auch für ein externes Geschäft beabsichtigt habe.

Analoges würde gelten, wenn sich der Berliner Kaufmann auf die Geltung einer ihm bekannten und günstigen internen Hamburger Usance deshalb verließe, weil er weiß, daß seinem Hamburger Mitkontrahenten diese seine Kenntnis bekannt ist.

[1] Oder wenn eine Partei sich auf einen innerhalb ihrer Branche geltende Usance beruft, während die andere Partei einer anderen Branche angehört, oder wenn es sich um einen für einen bestimmten Verkehrszweig oder bestimmte Länder geltende internationale Usance handelt, und nur die eine Partei diesem Verkehrszweig oder einem dieser Länder angehört.

Bei Mehrheitsusancen, die bloß im Geschäftskreise einer Partei gelten, genügt also die Behauptung der Kenntnis der anderen Partei von der Usance nicht. Zur Erzeugung einer entsprechenden Verpflichtung ist entweder die ausdrückliche Bezugnahme auf diese Usance oder aber die Existenz besonderer objektiver, einen objektiven Haftungsgrund darstellender Thatsachen nötig.

Nach dem Gesagten kann also für den Fall der Bezugnahme einer Partei auf eine Usance der gleichzeitigen Behauptung, die andere Partei kenne die Usance, überhaupt keine entscheidende Rolle zugestanden werden. Vielmehr erscheint diese Behauptung als überflüssig, wenn es sich um eine beiderseitige Geschäftsusance oder eine innerhalb des beiden Parteien gemeinsamen Geschäftskreises geltende Mehrheitsusance handelt, und sie erscheint als wirkungslos, wenn die in Bezug genommene Mehrheitsusance innerhalb eines Geschäftskreises gilt, dem nur eine der Parteien angehört.

Anhang.[1]

Treu und Glauben in Wissenschaft und Rechtsprechung.

A. Wissenschaft.

1. Thöl giebt dem Begriffe von Treu und Glauben eine dreifache Bedeutung. Im Handelsrecht, 4. Aufl., S. 42 und 5. Aufl., S. 49, findet sich der Satz:

> Ferner findet die Wissenschaft Rechtssätze aus faktischen Grundlagen, aus der Natur der Sache, der Verhältnisse, der Institute, des Thatbestandes, also aus dem Faktischen. Aus diesen folgt ein Rechtssatz zuweilen mit Notwendigkeit. Zu diesem Faktischen gehört insbesondere der Wille und der Zweck und das Verfahren der Kontrahenten bei einem Vertrage, der Interessenten überhaupt bei einem Rechtsgeschäfte. Nicht der bloße Wille (Zweck, Verfahren) Einzelner, sondern der allgemeine Wille der Gesamtheit, der eben das ausmacht, was, wie man

[1] Vergl. oben S. 14, 15, 17 Anm. 2.

es ausdrückt,[1] die Natur der Sache, das Wesen der Verhältnisse mit sich bringt.

[1] Man nennt dies nicht selten den guten Glauben, Treu und Glauben. Nicht zu verwechseln mit dem guten Glauben in dem Sinne des konkreten Willens bestimmter Kontrahenten vergl. unten § 57, Note 19 (muß wohl heißen: § 62 a, Nr. 2).

In § 62 a der 4. Aufl., S. 391 (übereinstimmend 5. Aufl., Bd. II, S. 197) findet sich der entsprechende Satz:

Die Auslegung eines Handelsgeschäftes unterliegt den allgemeinen Auslegungsregeln der bonae fidei negotia. Wenn man sagt: Treu und Glauben, d. h. der Wille, nicht das Wort[2] muß entscheiden, ...

[2] Nicht zu verwechseln mit Treu und Glauben in der Bedeutung Natur der Sache und in der Bedeutung der Verpflichtung zu unerheblichen, wenngleich nicht eigentlich kontraktlichen Mühewaltungen. Vergl. Seuff. Archiv, Bd. I, Nr. 41, S. 46—47.

2. Goldschmidt hat im Handbuch, 1. Aufl., 1864, Bd. I, 1. Abtlg., S. 219 ff., folgende Sätze:

Diese eigentümliche Beurteilung der Handelssachen, welche auch in den Handelsgesetzen durch die häufig wiederkehrende Verweisung auf das richterliche Ermessen anerkannt ist, hat ihren Grund keineswegs ausschließlich in der bereits durch die klassische römische Jurisprudenz zur allgemeinen Geltung gelangten innerlichen, d. h. billigen Behandlung der Rechtssätze und Rechtsverhältnisse, sondern daneben auch sowohl in dem überwiegend internationalen Charakter, wie in der besonderen Natur der Handelsverhältnisse, welche in vorzüglichem Maße auf persönlichem, gar nicht oder nicht hinreichend gesichertem Kredit, also auf Treu und Glauben[7] ruht: sie sind durchgehends bonae fidei negotia im eminenten Sinne. Hierdurch ist nicht ausgeschlossen, daß unter Umständen zum Schutze von Treu und Glauben rücksichtsloses Durchgreifen erforderlich erscheint und eine streng formalistische Behandlung einzutreten hat.

[7] Es ist daher ganz richtig, wenn von jeher — nicht selten allerdings in arger Übertreibung — „Treu und Glauben" für den Handelsverkehr vorzugsweise betont werden . . . . Treu und Glauben sind also freilich nicht, wie Thöl, Einleitung in das deutsche Privatrecht S. 143, Note 5 und Handelsrecht § 3 Note 1 abwehrend (insbesondere wohl gegen Beseler, Volksrecht und Juristenrecht S. 124, 125) hervorhebt, wie schlechthin für die unmittelbare Findung von Rechtssätzen, sondern zunächst nur für deren sachgemäße Anwendung wichtiges Prinzip. Sie dienen aber zugleich zur richtigeren Erkenntnis, ja Aus- und Fort-

bildung der Gewohnheitsrechtssätze. Denn sie stellen das sittliche und wirtschaftliche Grundprinzip der Natur der Sache dar, deren Bedeutung für die Rechtsfindung oben dargelegt ist, vergl. Note 2 (welche lautet: ... Die Kenntnis der Natur der Sache und der ihr entsprechenden Regeln geschieht mittels wissenschaftlicher Abstraktion. Aus der Fülle der thatsächlichen Erscheinungen ist das innere Gesetz derselben, mag es — wie im Handelsverkehr durchgehends — ein wirtschaftliches oder zugleich ein ethisches [Treu und Glauben] sein, zu ermitteln).

Weiter steht auf S. 236—237 (4. Aufl.) der Satz:

Nur darf selbstverständlich solche Sitte (die Usance im weiteren Sinne) weder gegen Treu und Glauben, noch gegen zwingende Rechtsnormen verstoßen, ...

und unter 3 (S. 237):

Der Gebrauch (welcher als Handelsgewohnheitsrecht dient) muß redlich und ehrbar sein, d. h. weder der Sittlichkeit, insbesondere Treu und Glauben, noch dem allgemeinen Wohle zuwiderlaufen.

In der 2. Aufl., Bd. I, 1875, finden sich diese Sätze auf S. 308 ff. (bezw. S. 305, Nr. 7) und § 37 wiederholt, nur steht auf S. 309 (entsprechend 1. Aufl., S. 220) an Stelle des Wortes „Kredit" das Wort „Vertrauen", und die Anmerkung 14 (oben Anm. 7) hat am Schluß folgenden Zusatz erhalten:

Der die Praxis des R.O.H.G. beherrschende Gedanke geht dahin, daß der unzweideutig erklärte Wille des Gesetzes und der Beteiligenden maßgebend, jeder Zweifel aber in dem Sinne zu lösen ist, welcher der Auffassung und Sitte anständiger und redlicher Männer, insbesondere solider Kaufleute entspricht.

3. Endemann, Das deutsche Handelsrecht, 1. Aufl. 1865, sagt auf S. 14, Anm. 17:

Das ist das aequum et bonum, das der Handel von jeher erheischt. Treu und Glauben (bona fides) des Verkehres und seine Beachtung in der Rechtspflege ist nicht Willkür, sondern vor allem Erkenntnis der konkreten Verhältnisse und Anwendung des Rechtes, nicht nach schematischer Abstraktion, sondern nach seinem wahren Geiste;

und auf S. 438:

In dieser Beurteilung der Verträge nach der wahren Willensabsicht, welche die letzte Quelle und höchste Norm aller Vertragsrechte darstellt, liegt der Inbegriff dessen, was man Treu und Glauben des Verkehres nennt.[10]

[10] .... Die Absicht zu erfüllen, also dem Kredit zu genügen, versteht sich für alle Rechtsgeschäfte in und außer dem Handel so

von selbst, daß dies nicht noch besonders Treu und Glauben zu nennen ist.

In der 2. Aufl. 1868 sind diese Sätze auf S. 14 und 449 wiederholt.

Die 3. Aufl. 1876 zeigt wesentliche Veränderungen im Ausdruck und der Anordnung der Gedanken. Auf S. 11 steht der Satz:

Das Streben nach materiellem Recht, nach der Beseitigung der beengenden Formen und Formeln[15] . . .

[15] Das ist das aequum et bonum, sine apicibus iuris, das der Handel von jeher forderte . . . Über die bona fides siehe § 89.

In diesem § 89 steht auf S. 420 ff. der Satz:

Gläubiger und Schuldner haben demgemäß ihre Rechte und Verbindlichkeiten so anzuerkennen, wie sie sich aus der als ernstlich und arglistlos zu unterstellenden Willensäußerung bei verständiger, auf die konkreten Verhältnisse gestützter Auslegung ergeben. Darin liegt hauptsächlich begriffen, was man Treu und Glauben des Handelsverkehres nennnt. . . . In dem Bestreben, Treu und Glauben in solchem Sinne aufrecht zu erhalten, weist das Gesetz den Richter bei Beurteilung und Auslegung der Handelsgeschäfte ausdrücklich auf Erforschung des Willens der Kontrahenten, ohne an dem buchstäblichen Sinne des Ausdruckes zu haften. Die Erkenntnis der wahren Willensabsicht aber kann der Natur der Sache nach nur eine konkrete und frei logische sein, unbehindert durch abstrakte, schematische Regeln.[14]

[14] Wegen dieser Beurteilungsmethode sind die Handelsgeschäfte schon früher bonae fidei negotia genannt worden. . . . Darum wird auch das Verfahren in curia mercatorum als eines ex aequo et bono bezeichnet.

In dem von ihm herausgegebenen Handbuch sagt Endemann im 1. Bd. 1881, S. 42:

Die Gewohnheit darf nicht gegen das die Übung verbietende Recht, die Sittlichkeit oder das Gemeinwohl verstoßen und zumal als Handelsgewohnheit, nicht Treu und Glauben verletzen.

4. In Labands Abhandlung in der Zeitschrift, Bd. XVII, S. 466 ff., finden sich folgende Sätze:

S. 469: Treu und Glauben erfordern, daß, wenn ein Kontrahent neue (d. h. von dem bisher Üblichen abweichende) Bedingungen aufstellen will, er dies dem anderen Kontrahenten gegenüber erklären muß.

S. 477: Der Verkäufer kann . . . den kundenüblichen Preis fordern, ohne daß er die Angemessenheit zu beweisen braucht. Es würde gegen Treu und Glauben verstoßen, wenn nach der erfolgten Lieferung gekaufter Ware der Käufer einen billigeren, oder der Verkäufer einen höheren Preis beanspruchen würde.

S. 486: Die Usance kommt nicht als „Gewohnheitsrecht“ zur Anwendung, sondern weil Treu und Glauben erfordern, daß derjenige, welcher sich derselben in irgend einem Punkte nicht unterwerfen will, dies beim Vertragsabschluß der anderen Partei ausdrücklich bemerklich macht.

S. 509: Auf die Usance erstreckt, enthält diese Bestimmung (Art. 1) einen Fallstrick für Treu und Glauben, der von frivolen und betrügerischen Schuldnern ausgebeutet werden kann, wenn einmal zufällig ein Schlußscheinsformular, das die vertragsmäßig bestimmten Usancen enthält, nicht angewendet worden ist.

Neben diesen, den systematischen Lehr- und Handbüchern und der Labandschen Abhandlung entnommenen Stellen, mögen noch folgende in der Goldschmidtschen Zeitschrift in Abhandlungen verschiedensten Charakters enthaltenen Stellen Aufnahme finden.

5. Endemann, Beiträge zur Kenntnis des Handelsrechtes im Mittelalter (Bd. V, S. 333 ff.).

S. 364—365: Die aequitas, das Sondergut der Handelsjurisdiktion besteht in der Berücksichtigung der circumstantiae, quae variant et ex quibus recedendum est a regulis generalibus ... Für die curia mercatorum aber war es einmal Spezialgesetz, daß dort die aequitas oder was dasselbe ist, die bona fides herrschen müsse.

S. 380: In vielen Fällen konnte das vermeinte Prinzip (gerichtet auf Erforschung der materiellen Wahrheit) zweischneidig erscheinen, z. B. bezüglich der exceptio simul ationis, welche die bona fides des Geschäftsverkehres ausschließen, das Streben nach materieller Wahrheit aber zulassen hieß.

Auf S. 408 ist die Stelle aus Stracch. tract. de mercatura rubr. de contr. N. 1 zitiert: ratio movet, ut longe a bona fide absit, in curia mercatoreum obicere: nudo pacto promissi aestimatio enim valde laeditur, et aequitati naturali convenit, inter eos, qui plurimum negotiantur, pacta servari.

6. In den Bd. VII, S. 135 abgedruckten „Satzungen und Usancen der Produktenbörse in Frankfurt a. M.“ steht folgender Satz auf

S. 136: 3. diejenigen, welche wegen Betruges, Fälschung, Meineid, einfachen oder betrügerischen Bankrotts, Diebstahles oder ähnlicher, gegen die Sicherheit des Eigentums und zur Verletzung von Treu und Glauben begangener Verbrechen durch rechtskräftiges Erkenntnis verurteilt worden sind, etc.

7. Dr. Marschner: Die Zweckmäßigkeit besonderer, mit kaufmännischen Richtern besetzter Gerichte für Handelsstreitsachen (Bd. XI, S. 430 ff.):

S. 438: ... Hiergegen ist zu bemerken, daß der Handel auf Treu und Glauben beruht. Er kann nur gedeihen, wenn das, was versprochen ist, pünktlich und unverbrüchlich erfüllt wird. Der Handelsrichter muß daher gründlich zu erforschen suchen, was die Parteien bei ihren Geschäften gewollt haben und darauf erkennen. Ein Abweichen im Erkenntnis von dem Gewollten zu des einen oder anderen Teiles Gunsten wäre ein die Sicherheit des Verkehres gefährdender Rechtsbruch. Man kann daher nicht sagen, daß der Handelsrichter nicht streng nach den Vorschriften des Rechtes, sondern mehr nach Billigkeitsrücksichten zu entscheiden habe.

8. Hauser, Vertragsantrag, — Annahme und Vertragsschluß, (Bd. XII, S. 34 ff.)

S. 115: Unter Umständen nämlich kann das Schweigen, wenn nicht zugestimmt wird, gegen Treu und Glauben verstoßen, so namentlich, wenn man bei bestehender Geschäftsverbindung auf eine Antragsstellung, oder bei einem bestehenden Auftrage auf eine beantragte Abweichung schweigt und dadurch den Antragsteller zu gutem Glauben an eine Zustimmung veranlaßt. Ein solches Verhalten kann gleich einem dolus für den Antragenden einen Anspruch auf Schadensersatz oder eine Einrede gegen den schweigenden, nicht zustimmenden Teil oder annehmenden Teil begründen.

9. Laband sagt in einer Kritik über „Ludwig Cohn, Die Versicherungsverträge nach allgemeinen Rechtsprinzipien“ (Bd. XIX, S. 648):

Das gemeinsame oberste Prinzip, welches beide Fälle und noch manche anderen beherrscht, ist, daß bei der Abschließung von Verträgen das Normale, Gewöhnliche, Übliche und die dem anderen Teile bekannten oder erkennbaren Eigenschaften, Umstände, Voraussetzungen u. s. w. nicht ausdrücklich erklärt zu werden brauchen, sondern stillschweigend für gewollt, genehmigt oder vorausgesetzt gelten, Abweichungen von dem normalen Zustande dagegen angezeigt, resp. im Falle ihrer Zusicherung gewährt werden müssen. Das ist es aber gerade, was vorzugsweise die bona fides des Vertragsverhältnisses bildet.

10. Dr. Römer, Die exceptio doli, insbesondere im Wechselrecht (Bd. XX, S. 48 ff.)

S. 51: Man hatte schließlich den Begriff des dolus so weit gefaßt, daß er jede arglistische Gesinnung, jede mit Treu und Glauben in Widerspruch stehende Handlung, jede in der Geltendmachung eines Rechtes liegende Unbilligkeit umfaßte. So gelangte man dahin, die exceptio doli zu gewähren, auch wenn der Entstehung des Rechtsverhältnisses kein dolus anhaftet, sondern nur die Geltendmachung des Rechtes wider Treu und Glauben verstößt.

Auf S. 54 wird zustimmend aus Unger, System des österreichischen Privatrechtes, II, § 125, Nr. 37 zitiert:

Der Rechtssatz, dem die Klage zuwider ist, ist heutzutage durchwegs in einer objektiven Rechtsnorm ausgesprochen. Eine sogen. exceptio doli generalis in dem Sinne, daß es Sache des Richters wäre, den Beklagten zu absolvieren, wenn und weil er nach seinem Ermessen findet, daß nach den vorliegenden Umständen der Kläger, indem er seinen Anspruch verfolgt, unredlich (contra bonam fidem) handle (si in ea re nihil dolo malo actoris fiat) giebt es heutzutage so wenig nach österreichischem als nach gemeinem Rechte.

Auf S. 55 wird über das römische Recht berichtet:

Daß im bonae fidei iudicium der Beklagte jede unter diesen Gesichtspunkt fallende Einrede geltend machen konnte, obgleich gar keine exceptio der formula angefügt war, weil hier Berücksichtigung des dolus schon in der Anweisung an den index: quidquid Nm. Nm. Ao. Ao. dare facere oportet ex fide bona, Nm. Nm. Ao. Ao. condemna s. n. p. absolve, befohlen war, was die Quellen so ausdrücken: doli exceptio bonae fidei indiciis inest.

11. Dr. Dreyer, Mitteilungen aus der neuesten französischen Rechtssprechung (Bd. XX, S. 258):

..... Eine freiere Stellung als auf anderen Gebieten nimmt in Handelssachen die französische Rechtsprechung dem geschriebenen Gesetze gegenüber ein und hat hier sowohl zu Erweiterungen und Einschränkungen bestehender Rechtssätze wie zur selbständigen Entwickelung von Rechtsbegriffen und zur Ausbildung von wesentlichen neuen Rechtsinstituten geführt, geleitet durch das Streben, die Forderungen von Redlichkeit, von Treu und Glauben im Verkehr kategorisch durchzuführen.

12. Römer, Beiträge zur Lehre von der Erfüllung der Obligation, Bd. XXIII, S. 37 ff.:

Denn aus dem Schweigen und Behalten einer Sache folgt nicht mehr, aber auch nicht weniger, als daß der Gläubiger seine Forderung für befriedigt hält, weil, wenn er diese nicht erfüllt glaubte durch die empfangene Leistung, Treu und Glauben eine Anzeige davon forderten.

13. Dr. Veit Simon, Über die Haftung des Erwerbers eines Einzelgeschäfts für die vor Erwerb desselben entstandenen Handlungsschulden (Bd. XXIV, S. 91 ff.).

S. 163: .... Es existiert aber kein Rechtssatz, kraft dessen eine Erklärung deshalb rechtsverbindlich würde, weil die Nichtanerkennung der bona fides widerspräche. Ein allgemeines Recht auf die bona fides jedes Dritten, mit dem man nicht durch ein obligatorisches Band verknüpft ist, findet man weder in römischen noch im heutigen Rechte anerkannt.

14. Dr. Otto Mayer, Die concurrence deloyale (Bd. XXVI, S. 363 ff.).

S. 436: ... Es sind offenkundig wirtschaftliche, wohl auch sozialpolitische Erwägungen gewesen, welche uns bestimmten, die Gesetze (Markenschutzgesetz etc.) anzunehmen, man wollte Treu und Glauben im Verkehr haben, den Erfindungsgeist anspornen etc.

15. Baron, Handels- und gewerbrechtliche Beziehungen bei gewissen adjektizischen Klagen (Bd. XXVII S. 119 ff.).

auf S. 140 wird zunächst das Urteil des R.O.H.G. Bd. X, S. 142 zitiert, in welchem steht: „Treu und Glauben fordert, daß die Beklagte, als sie die früher von ihrem Ehemanne bestellten Waren bezahlte, dem Kläger mitgeteilt hätte, daß ihr Ehemann zu diesen Bestellungen bei ihm nicht berechtigt sei.“ Hierzu sagt Baron: Soweit darf denn doch nicht das Prinzip der bona fides reichen und die rei veritas völlig bei Seite geschoben werden.

16. Schließlich ist noch zu erwähnen die 1893 als Separatdruck erschienene Abhandlung von Kohler: Treu und Gauben im Verkehr. Ein Beitrag zur Lehre vom strafrechtlichen Betrug, wo S. 3 folgender, das Ergebnis im voraus zusammenfassender Satz steht:

Die richtige Funktion des Verkehrs aber beruht auf Treu und Glauben, auf der Treue in der Erfüllung des gegebenen Wortes und auf Treu und Glauben bei der Eingehung des Wortes; auf der Verläßlichkeit im Halten und auf der Verläßlichkeit in der Erklärung über das Bestehende.

Diese Abhandlung identifiziert, wie schon die Überschrift ergiebt, das Handeln wider Treu und Glauben mit dem betrügerischen, arglistigen, dolosen Handeln. Sie bezeichnet als Handeln wider Treu und Glauben die bewußte unwahre Angabe oder die bewußte Verheimlichung der bei einem Vertrage erfolgten Absicht, der Qualität, der Herkunft der Ware etc. (S. 5: wer unter Kenntnis der Sachlage sich rüstet, kauft und Anlagen macht, die infolge der neuen Verhältnisse günstige Erträgnisse liefern, der begeht keinen Betrug, wenn er dabei seine Kenntnis verschweigt.)

B. Rechtsprechung.

Aus der Rechtsprechung, insbesondere des R.O.H.G. und R.G. mögen folgende Stellen angeführt werden:

1. O.A.G. Dresden vom 18/VIII. 59 (Ann. Bd. 1, S. 333): Steht somit fest, daß die Kontrahenten nicht blos über die Beschaffenheit der bedungenen Leistung, sondern auch über die Entgeltlichkeit derselben einig sind, so thut man ihrem unzweideutig ausgesprochenen Vertragswillen keinen Zwang an, wenn man die unterlassene Festsetzung des Betrages des Entgeltes auf die übereinstimmende Absicht der Kontrahenten zurückführt, daß diese Festsetzung auf dem der bona fides des Vertragsverhältnisses entsprechendem Wege, nämlich arbitrio boni viri zu erfolgen habe.
2. O.A.G. Lübeck vom 27/VI. 65 (Zeitschr. Bd. X, S. 565): Eine Pflicht des Empfängers, den zugesandten Kontokurrent stets sofort zu prüfen und in bestimmter Frist oder in nächster Zeit seine Einwendungen dagegen zu erheben, existiert aber nicht und läßt sich weder aus der in kaufmännischen Geschäften üblichen Ordnung und erforderlichen bona fides noch .... herleiten.
3. H.A.G. Nürnberg v. 30/V. 66 (Zeitschr. Bd. XII, S. 280): Wurde eine gewisse Ware nach Maß und Gewicht unter Angabe des betreffenden Quantums verkauft und geliefert, so erfordert es Treu und Glauben, daß der Käufer die Ware nachmesse oder nachwiege, sowie einen hierbei etwa gefundenen Abgang dem Verkäufer anzeige, und nach bestehendem Handelsgebrauche wird eine fahrlässige Unterlassung als stillschweigende Genehmigung aufgefaßt.
4. B.O.G.G. v. 17/XII. 70 (Bd. I, S. 162): Es würde nicht nur dem soeben geschilderten Zwecke einer solchen Buchführung, der gerade darin besteht, spätere Rügen auszuschließen, sondern auch dem den Handelsverkehr beherrschenden Prinzip von Treu und Glauben durchaus widerstreiten, sollte man dem Geschäftskunden, der das Beibuch mit den in dasselbe

gemachten Einträgen widerspruchslos angenommen hat, gestatten, zu jeder beliebigen späteren Zeit ... mit Ausstellungen gegen den Inhalt einzelner ... Einträge hervorzutreten.

5. B.O.H.G. v. 20/XII. 70 (Bd. I, S. 167):

Denn in solchem Falle (wenn bei gegenseitigen Geschäften der eine auf erhaltene Vorleistung seinerseits geleistet und dadurch die Leistung zunächst als richtig anerkannt hat) erfordert es die bona fides und die Sicherheit des Verkehres, daß der hinterher diese seine rechtliche Handlung, nämlich die darin liegende stillschweigende Anerkennung, anfechtende Kontrahent diese Anfechtung justifiziere und die ihr zu Grunde liegenden Thatsachen beweisen muß.

6. R.O.H.G. v. 27/VI. 71 (Bd. III, S. 3):

Treu und Glauben verbieten, das Gewöhnliche oder allgemein Gewollte ohne klaren Ausschluß für nicht gewollt zu halten.

7. R.O.H.G. v. 23/XI. 74 (Bd. XV, S. 41):

.... eine rechtliche Pflicht jedoch dazu (zur sofortigen Erklärung auf eine Offerte, Anfrage) nur unter besonderen Umständen besteht, falls nämlich die Unterlassung der Erklärung als Verletzung der im Handelsverkehr zumal notwendigen Beobachtung von Treu und Glauben erscheinen würde, insbesondere wenn dem Stillschweigen offensichtlich die Absicht einer arglistischen Täuschung oder die Absicht unterliegt, den anderen Teil zu einer ihm möglicherweise nachteiligen, dem Schweigenden aber vorteilhaften Thätigkeit zu verleiten ....“ In einer großen Anzahl von Fällen hat dann der Gerichtshof, namentlich bei einem bestehenden Auftrags- oder wirklichem Kontokurrentverhältnis die Pflicht zur ungesäumten Erwiederung auf eine Anzeige unter Berücksichtigung des Prinzips der bona fides ausgesprochen. .... Auch ist vom R.O.H.G. wiederholt, wie in den Bd. XI, S. 432 mitgeteilten Fällen, angenommen worden, daß, wenn nach Abschluß eines verbindlichen Vertrags, eine Mitteilung, wie sie im Handelsverkehre üblich ist, erfolgt, um eine urkundliche Feststellung der Eingehung des Vertrags und der Rechte und Pflichten aus demselben zu erlangen resp. zu erteilen, das Prinzip von Treu und Glauben zur unverzüglichen Beantwortung verpflichtet.

8. R.G. v. 8/XII. 83 (Bd. XIII, S. 77):

Der Zweck dieses Verfahrens (Prospekte, Cirkulare zu versenden) ist ersichtlich der, eine besondere Vereinbarung über den Inhalt der abzuschließenden Verträge für jeden einzelnen Fall zu vermeiden und überflüssig zu machen. ... Daraus ergiebt sich aber nach den Grundsätzen von Treu und Glauben für die

Empfänger von solchen Mitteilungen die Verpflichtung, sich mit dem Inhalte der ihnen mitgeteilten Vertragspropositionen bekannt zu machen und dieselben zu beachten . . . . .

Schließen die Empfänger demnächst innerhalb des betreffenden Geschäftskreises Verträge mit dem Proponenten, so müssen sie also die ihnen in Betreff solcher geschäftsproponierten Bestimmungen als ihnen bekannte und von ihnen gewollte lex contractus gelten lassen, sofern sie nicht mit ihm hiervon Abweichendes vereinbart haben, da sie bei einer gegenteiligen Absicht dolos handeln würden und sie sich auf ein arglistiges Verhalten nicht würden berufen können.

9. R.G. v. 13/II. 86 (Bd. XV, S. 151):

Ein solcher Anspruch des Frachtführers gegen den Absender (auf Ersatz von Schaden) ist nur dann begründet, wenn die Entstehung des betreffenden Ereignisses bez. seine schädigende Wirkung auf ein Verschulden des Absenders zurückzuführen ist. Ein derartiges Verschulden kann insbesondere darin liegen, daß der Absender dem Frachtführer die besondere Natur des Gutes verheimlicht und demselben dadurch nicht die durch Treu und Glauben bezüglich durch die Vertragsbestimmungen gebotene Veranlassung, gegen die Gefahr in zweckmäßiger Weise sich zu sichern, gegeben hat.

10. RG. v. 18/V. 87 (Bd. XIX, S. 222 ff.):

Thatbestand: Ein Versicherter fordert von der Versicherungsgesellschaft Ersatz des Schadens, gegen den er sich versichert hat. Die Entscheidung sagt:

(S. 222) . . . . Daß es der bona fides widersprechen würde, wenn man ungeachtet der Verwandlung des provisorischen Vertrages in einen definitiven Vertrag, dem Versicherer dennoch zugestehen wollte, die Voraussetzung für den Abschluß des letzteren, deren Vorliegen er durch diesen Abschluß äußerlich anerkannt hatte, nachträglich wieder in Frage zu stellen, sobald der Versicherte Schadensersatzanspruch erhebt. . . . .

(S. 227) Der Argumentation, mit welcher der Berufungsrichter diesen Einwand verwirft (den Einwand, daß der Kläger nicht, wie der Agent der Beklagten von Anfang an ihm erklärt hatte, ein Stauattest des Boad of Underwriters beigebracht hat) ist nun allerdings darin beizutreten, daß es darauf ankommt, ob der Beklagten nach den das Versicherungswesen in ganz besonderem Maße beherrschenden Grundsätzen von Treu und Glauben gestattet werden kann, sich auf die behauptete generelle Bevorwortung des Hauptagenten Schw. bei Beginn der Geschäftsverbindung des

Klägers mit der Beklagten zu berufen. ... Hatte Schw. schon bei Beginn der Geschäftsverbindung dem Kläger im Voraus ausdrücklich erklärt, daß für die abzuschließenden Versicherungen die hier fragliche Bedingung unerläßlich und ohne dieselbe selbst unterschriebene Policen ungültig seien, so mußte der Kläger daraus entnehmen, daß diese spezielle Bedingung für die Beklagte ein für alle Mal eine wesentliche Voraussetzung für den Abschluß der mit ihm einzugehenden Versicherungsverträge, auf welche sie ganz besonders Gewicht lege, bilde, und hatte er an und für sich durchaus keinen Grund zu der Annahme, daß beklagtischerseits von dieser Bedingung abgesehen sei, falls dieselbe nicht in jedem einzelnen Falle bei der Annahme eines Versicherungsvertrages wiederholt werde. Vielmehr mußte er den Abschluß der Versicherung seitens der Beklagten auf Grund dieser Bedingung als etwas nach der vorausgegangenen allgemeinen Erklärung des Schw. Selbstverständliches ansehen, soweit nicht etwa im einzelnen Falle ausdrücklich eine hiervon abweichende Vereinbarung getroffen würde. ... Einer solchen generellen Bevorwortung gegenüber kann nicht davon die Rede sein, daß diese Annahme (daß die einzelne Police nur nach den allgemeinen Policebedingungen geschlossen sei) für den Kläger nahegelegen hätte, falls Schw. die betreffende Bedingung nicht in jedem einzelnen Falle bei Acceptation des Versicherungsvertrages wiederholte und daß deshalb Treu und Glauben das letztere unbedingt gefordert hätten.

11. R.G. v. 23/III. 87 (Bd. XIX, S. 63):

(S. 64) .... daß vielmehr unter Berücksichtigung der Schnelligkeit des Eisenbahnverkehres und der Eile des Betriebes, sowie des die Versicherungsverträge beherrschenden Satzes des guten Glaubens der Vertrag der Parteien dahin aufzufassen sei, ...

(S. 67) .... Es ist hier nur zu entscheiden, ob im vorliegenden Falle die getroffene Entscheidung des Berufungsrichters oder deren Begründung gegen eine Rechtsnorm verstößt, und zwar unter sorgfältigster Berücksichtigung aller konkreten Momente, unter sinngemäßer, den Vorschriften des Art. 278,279 H.G.Bs. entsprechenden, den Zweck der Versicherung und die Grundsätze von Treu und Glauben berücksichtigender Interpretation der Policebedingungen.

12. R.G. v. 5/XII. 87. (Bd. XX, S. 60):

Wußten die Erwerber des Konnossements, daß nach dem Sprachgebrauche am Ladeplatze — und mithin auch nach dem vermutlichen Verständnisse des Ausstellers des hier fraglichen Konnossements — dem in dem Konnossemente — gebrauchten Ausdrucke „shipped“ keine weitere Bedeutung unterzulegen sei, als daß der Schiffer die betreffenden Güter zum Zwecke der Verladung empfangen habe, so können sie das für ihr Rechtsverhältnis zum Verfrachter nach Art. 653 H.G.B. entscheidende Konnossement auch nur unter Zugrundelegung dieses Inhalts geltend machen und sie würden wider die Verpflichtung zu Treu und Glauben handeln, indem sie sich darauf berufen, daß der Ausdruck shipped seinem Wortlaute nach eine weiter gehende Bedeutung habe.

13. R.G. v. 9/I. 89 (Bd. XXIII, S. 127):

Wegen der bestehenden Geschäftsverbindung läßt sich wohl geltend machen, daß bei solchem Verhältnisse der wirklichen Bestellung zu der Zusendung dem Beklagten durch Unterbringung des mehr Zugesandten bei einem Spediteur auf Rechnung der Klägerin nicht zuviel zugemutet werde und daß es der Treue im Verkehre entspricht, nicht durch Ablehnung einer solchen Fürsorge das Angebot der ohne Schwierigkeit aussonderungsfähigen, wirklich bestellten Ware wirkungslos zu machen. . . . . Sache des Verkäufers ist es, das Angebot in gehöriger, den Gegenstand, der die Erfüllung bilden soll, bestimmt zu individualisierender Weise zu machen, und nur leichte Mühe, ihm für diesen Zweck bei Irrtum oder Unregelmäßigkeiten dabei abzunehmen, kann dem Käufer vermöge der Anforderungen der Verkehrstreue angesonnen werden.

14. R.G. v. 24/III. 90 (Bd. XXV, S. 90):

. . . . so doch nach dem Prinzipe, welches dem Art. (247) zu Grunde liegt, es ebenso, wie bei einem Platzkaufe, auch bei der locatio conductio operis der bona fides widerstreiten würde, die Frage, ob die gelieferte Ware die gesetzlichen und vertragsmäßigen Eigenschaften habe, und als empfangbar anzuerkennen sei, auf eine ganz unbestimmte Zeit in der Schwebe zu lassen.

15. R.G. v. 11/XI. 91 (Bd. XXVIII, S. 324).

Hiernach lag eine Erklärung des Klägers, auf welche der Beklagte sich seinerseits nach Treu und Glauben hätte erklären müssen, bezüglich der Nr. 17 471 (Lotterieloos) nicht vor und es war daher auch der Fall nicht gegeben, daß aus dem Stillschweigen des Beklagten seine Zustimmung zu demjenigen, was der Kläger erklärt hatte, gefolgert werden müsse.

Wie stellt sich nun die oben im zweiten Teil aufgestellte Ansicht über Treu und Glauben zu den in den soeben zitierten Stellen hierüber enthaltenen Ansichten?

Allen diesen Ansichten ist unter einander und mit der hier vertretenen Ansicht gemeinsam die hier wie dort als selbstverständlich angenommene Voraussetzung, daß Treu und Glauben im Handelsverkehre von den Vertragsparteien zu beachten sei. Dieser Satz gehört zu den sogenannten „allgemeinen Grundsätzen des Handelsrechts“, d. h. Rechtssätzen des Handelsgewohnheitsrechts, welche ihrer über allen Zweifel erhabenen Selbstverständlichkeit halber im geschriebenen Rechte des Handelsgesetzbuches keinen besonderen Ausdruck gefunden haben. Daß jeder Vertragschließende verpflichtet sei, nach Treu und Glauben zu handeln, ist also, wie von Allen angenommen wird, objektives Recht.

Wie man aber zu handeln habe, um dieser Pflicht zu genügen, ob der Maßstab dieser objektivrechtlichen Verpflichtung wiederum objektive, d. h. außerhalb der Vertragsparteien liegende, oder aber subjektive Thatsachen, der eigene Wille der Vertragsparteien, seien, darüber gehen die in den obigen Zitaten enthaltenen Ansichten und die hier vertretene stark auseinander.

Nach der hier vertretenen Ansicht sind lediglich subjektive und zwar auf Seiten beider Parteien liegende Thatsachen Maßstab der Verpflichtung nach Treu und Glauben. Nur wenn die eine Partei an die Existenz eines generellen Willens (Geschäftsgrundsatzes) der anderen Partei geglaubt und nur wenn die andere Partei diesen generellen Willen (Geschäftsgrundsatz) thatsächlich gehabt hat, wird hier von einer Pflicht nach Treu und Glauben gesprochen.

Mit dieser Ansicht stimmen von den obigen Zitaten nur die unter B. 8 und 10 angezogenen Entscheidungen überein, und zwar auch nur insofern sie eine Pflicht, dem eigenen generellen Willen gemäß zu handeln, annehmen, ohne jedoch in dieser Pflicht recht eigentlich die alleinige Pflicht nach Treu und Glauben zu sehen.[1]

Alle übrigen Ansichten lassen den Inhalt der Verpflichtung nach Treu und Glauben allein oder wenigstens zum Teil durch objektive Thatsachen bestimmt sein. Ersteres geschieht in den unter A. 1, 2, 3, 5, 10 zitierten Stellen, in welchen Treu und

[1] Die eine Entscheidung sagt, daß anders zu handeln arglistig sein würde, und sieht die Pflicht nach Treu und Glauben vielmehr darin, den erhaltenen Prospekt zu lesen, als darin, dem gelesenen und gebilligten gemäß zu handeln. Die andere Entscheidung sieht lediglich keinen Verstoß gegen Treu und Glauben darin, die generelle Bevorwortung nicht nochmals beim speziellen Vertragsabschlusse zu erwähnen.

Glauben als gleichbedeutend mit Natur der Sache und Billigkeit bezeichnet wird, daß die Verpflichtung nach Treu und Glauben nicht lediglich an objektive Thatsachen angeknüpft werden kann, folgt jedoch zum mindesten aus dem Worte „Glauben".

Ebensowenig kann aber der oben unter A. 4, 8, 9, 12 und B. 2, 3, 4, 6, 7, 9 vertretenen Ansicht beigestimmt werden, welche die Pflicht nach Treu und Glauben insofern auf teils subjektive, teils objektive Thatsachen aufbaut, als sie diese Pflicht darin sieht, dem allgemein Üblichen, dem allgemein Gewollten gemäß handeln zu müssen, an dessen Befolgung der Mitkontrahent geglaubt hat. Diese Ansicht setzt an Stelle der nach Treu und Glauben verpflichtenden Thatsache das Erkenntnismittel, aus welchem die in Wahrheit verpflichtende Thatsache erschlossen werden kann. Die objektive Thatsache der allgemeinen Üblichkeit, des allgemeinen Willens verpflichtet an sich nicht nach Treu und Glauben. Eine Pflicht nach Treu und Glauben besteht vielmehr nur, wenn aus dieser objektiven Thatsache der allgemeinen Üblichkeit, des allgemeinen Willens auf die subjektive Thatsache eines übereinstimmenden Brauches, eines gleichlautenden — generellen — Willens der fraglichen Einzelperson geschlossen werden kann. Lediglich diese subjektive Thatsache, dieser eigene generelle Wille der Vertragspersonen (ihr persönlicher Geschäftsgrundsatz) ist das nach Treu und Glauben verpflichtende Moment, denn nur an einen solchen eigenen Willen vermag eine Treupflicht anzuknüpfen. Der allgemeine Wille spielt lediglich die Rolle eines Mittels zur Erkenntnis dieses allein nach Treu und Glauben verpflichtenden Einzelwillens. Für die Möglichkeit, aus dem allgemeinen Willen auf einen entsprechenden Einzelwillen zu schließen, spricht allerdings eine faktische Vermutung und es besteht somit allerdings in der Regel eine Pflicht nach Treu und Glauben, wenn eine allgemeine Üblichkeit, ein allgemeiner Wille vorliegt, aber jene Pflicht besteht nicht unmittelbar deshalb, weil solche objektive Thatsachen vorliegen. Wird durch die Ausnahmsverhältnisse des konkreten Falles die Schlußfolgerung aus dem allgemeinen Willen auf einen gleichlautenden Willen der fraglichen Einzelperson ausgeschlossen, bleibt lediglich die objektive Thatsache der allgemeinen Üblichkeit übrig, so fällt damit auch die rechtliche Möglichkeit einer Verpflichtung nach Treu und Glauben weg. Es kann sich dann lediglich fragen, ob der Glaube an die Befolgung des allgemein Üblichen rechtlich geschützt wird als der „gute Glaube", mit welchem Treu und Glauben so vielfach verwechselt und fälschlich identifiziert wird (vergl. oben A. 1, 8; B. 11).

So ist also die hier angenommene Bedeutung von Treu und

Glauben eine wesentlich beschränktere, als die Bedeutung, welche die in den obigen Zitaten sich spiegelnde gemeine Meinung annimmt. Natur der Sache, Billigkeit und guter Glaube haben keine oder nur teilweise Gemeinschaft mit Treu und Glauben. Daß eine allgemeine Verpflichtung der Vertragsparteien, nach Treu und Glauben zu handeln, besteht, das ist objektives Gewohnheitsrecht. Aber den Inhalt dieser Verpflichtung bestimmen lediglich subjektive Thatsachen.

Nach Treu und Glauben handeln heißt: dem eigenen prinzipiellen, generellen Willen (dem eigenen Geschäftsgrundsatze) getreu handeln, an dessen Dasein und Befolgung der Andere geglaubt hat.

Ausgewählte Doktordissertationen
der
Leipziger Juristenfakultät.

Die Zuschiebung und Zurückschiebung des Eides an Dritte
nach der Reichszivilprozessordnung.
Von
Dr. jur. Paul Bach.
gr. 8. 1894. geh. 1 ℳ 60 ₰.

Über die Kollektivprokura.
Von
Dr. jur. Felix Bie.
gr. 8. 1894. geh. 1 ℳ 60 ₰.

Die allgemeinen strafrechtlichen Begriffe nach Carpzov.
Von
Dr. jur. Adolf Lobe.
gr. 8. 1894. geh. 1 ℳ 50 ₰.

Die Civitas auf deutschem Boden
bis zum Ausgange der Karolingerzeit.
Ein Beitrag zur Geschichte der deutschen Stadt.
Von
Dr. jur. Siegfried Rietschel.
gr. 8. 1894. geh. 3 ℳ.

Über
einige Ansprüche auswärtiger Staaten
auf gegenwärtiges Deutsches Reichsgebiet.
Von
Dr. jur. Bruno Schmidt.
gr. 8. 1894. geh. 2 ℳ 20 ₰.

Das Seedarlehen des Altertums.
Von
Dr. jur. Heinrich Sieveking.
gr. 8. 1893. geh. 1 ℳ 40 ₰.

Der Centenar nach den karolingischen Kapitularien.
Von
Dr. jur. Alfred Weber.
gr. 8. 1894. geh. 1 ℳ 80 ₰.

Verlag von VEIT & COMP. in Leipzig.

Zur

Geschichte der Ehescheidung

vor Gratian.

Von

Dr. Heinrich Geffcken,

Privatdozenten der Rechte an der Universität Leipzig.

gr. 8. 1894. geb. 2 ℳ 50 ₰.

Institutionen des römischen Rechts.

Ein Lehrbuch

von

Dr. Rudolf Leonhard,

Professor in Marburg.

gr. 8. 1894. geh. 11 ℳ, geb. 12 ℳ.

Lehrbuch

der

Deutschen Rechtsgeschichte.

Von

Dr. Richard Schröder,

o. ö. Professor an der Universität Heidelberg.

Zweite, wesentlich umgearbeitete Auflage.

Mit einer Abbildung im Text und vier Karten.

Lex. 8. 1894. geh. 20 ℳ, geb. in Halbfr. 22 ℳ.

Praktische Pandektenübungen

für Anfänger

zum akademischen Gebrauch und zum Selbststudium.

Von

Dr. Rudolf Stammler,

o. ö. Professor an der Universität Halle.

gr. 8. 1893. geb. in Ganzl. 8 ℳ 60 ₰.

Verlag von VEIT & COMP. in Leipzig.

Die
Gesetzgebung des Deutschen Reiches

auf dem Gebiete

des bürgerlichen und socialen Rechtes

mit Ausschluß der

handels-, wechsel- und seerechtlichen, sowie der in der Reichsstrafgesetzgebung und in den Reichsjustizgesetzen enthaltenen Bestimmungen.

Für die Praxis und den akademischen Gebrauch

zusammengestellt von

Dr. jur. Emil Sehling,

ord. Prof. der Rechte an der Universität Erlangen.

Zweite, umgearbeitete Auflage.

8. 1894. gebunden in Ganzleinen 5 *M*.

In chronologischer Übersicht wird hier ein wesentlicher Teil der Reichsgesetzgebung, derjenige, welcher vorzugsweise der Ergänzung und Abänderung unterworfen gewesen ist, dargestellt. Von den ersten Gesetzen des Norddeutschen Bundes bis zum Ende des Jahres 1893 wird Jahr für Jahr mit seinem Inhalt an neuer gesetzgeberischer Produktion vorgeführt, jedoch so, daß der Stoff jedes einzelnen Gegenstandes konzentriert ist und an einem einzigen zeitlichen Punkte der ganze Stand der heutigen Gesetzgebung über die Materie zu finden ist. So ist beispielshalber „die Gewerbeordnung" nach der Redaktion vom 1. Juli 1883 unter diesem Tage wiedergegeben; die voraufgehenden Gesetzgebungsakte sind kurz erwähnt, und der Leser wird auf das Gesetz vom 1. Juli 1883 verwiesen; dagegen sind die später nachfolgenden aus den Jahren 1884—1893 dem Gesetze vom 1. Juli 1883 einverleibt, und es wird dann unter ihrem Datum darauf zurückverwiesen. — Die Ergänzungen und Abänderungen sind, um sie sofort als solche kenntlich zu machen, durch lateinische Schrift hervorgehoben.

Da bei den **Prüfungen für das erste juristische Examen** besonderer Nachdruck auf die Kenntnis der Reichsgesetze gelegt wird, so ist die Sehlingsche Sammlung *den Kandidaten zur Vorbereitung fast unentbehrlich.*

Verlag von VEIT & COMP. in Leipzig.

Die Handelsgesetzgebung des Deutschen Reiches.

Allgemeines Deutsches Handelsgesetzbuch

einschließlich des Seerechtes

Allgemeine Deutsche Wechselordnung

nebst den ergänzenden Reichsgesetzen.

Mit ausführlichem Sachregister.

Herausgegeben

von

Dr. Emil Friedberg,

Königl. Sächs. Geh. Hofrat und o. Prof. der Rechte an der Univ. Leipzig.

Dritte, wesentlich vermehrte Ausgabe.

8. 1894. geb. 4 *M* 50 *Pf*.

Die Friedbergsche Sammlung der handelsrechtlichen Gesetze zeichnet sich durch größte Vollständigkeit, durch Korrektheit, gute Ausstattung und billigen Preis vor allen anderen Ausgaben aus.

FESTGABE

DER LEIPZIGER JURISTENFAKULTÄT

für

DR. JUR. OTTO MÜLLER

ZUM 14. MAI 1892.

Inhalt:

Die indirecte Vermögensleistung, von Bernhard Windscheid.
Der Gesammtakt, ein neuer Rechtsbegriff, von Johannes Emil Kuntze.

gr. 8. 1892. geh. 2 *M* 50 *Pf*.

DIE ANFECHTBARKEIT DER VERTRÄGE

für das

VERMÖGEN EINES DRITTEN.

Eine civilrechtliche Abhandlung von

Dr. Rudolf Leonhard,

o. ö. Professor der Rechte in Marburg.

gr. 8. 1892. geh. 1 *M* 50 *Pf*.

Druck von Metzger & Wittig in Leipzig.

FSC
www.fsc.org
MIX
Papier | Fördert gute Waldnutzung
FSC® C083411

Kolibri 360 GmbH
Ferdinand-Jühlke-Straße 7
99095 Erfurt, Deutschland
produktsicherheit@kolibri360.de